RAPPORT

SUR LE

CHOLÉRA-MORBUS
de Lyon

ET PRINCIPALEMENT A L'HOPITAL MILITAIRE.

Par Charles DUMÉNIL,

Docteur-médecin, membre titulaire de la Société de Médecine de
Lyon, médecin des épidémies du département du Rhône.

> Malum ex se agnoscitur.
> SYDENHAM.

Épidémie de 1849.

LYON,
CHANOINE, IMPRIMEUR,
18, place de la Charité.
1850

RAPPORT

SUR LE

CHOLÉRA-MORBUS

De Lyon.

RAPPORT

SUR LE

CHOLÉRA-MORBUS
de Lyon

ET PRINCIPALEMENT DE L'HOPITAL-MILITAIRE.

Par Charles DUMÉNIL,

Docteur-médecin, membre titulaire de la Société de Médecine de
Lyon, médecin des épidémies du département du Rhône.

Malum ex se agnoscitur.
SYDENHAM.

Épidémie de 1849.

LYON,
CHANOINE, IMPRIMEUR,
18, place de la Charité.

1850

RAPPORT

SUR LE

CHOLÉRA-MORBUS

A LYON

ET PRINCIPALEMENT A L'HOPITAL MILITAIRE

EN 1849.

———◦———

PREMIÈRE PARTIE.

—

Coup d'œil général sur la marche du choléra-morbus indien.

Le choléra ou peste de l'Inde, endémique ou épidémique dans le delta marécageux du Gange et du Sind, sous le climat brûlant et torride de l'Inde, s'y est déclaré avec une funeste intensité après de vastes inondations, notamment celle de 1817. Nul doute que la fermentation paludéenne et la décomposition de différents produits végétaux et animaux n'aient favorisé son développement et renouvelé sa terrible et meurtrière influence.

Vers la fin du seizième siècle et pendant le dix-septième, il n'avait paru que dans quelques contrées de l'Europe. De 1770 à 1790, il fit des ravages dans l'Indoustan, le long de la côte de Coromandel, à Pondichéry dans le camp des Anglais. En 1817, après le débordement du Gange, il fit invasion à Calcutta, à Jessore et à Patna. Après avoir suivi la frontière qui sépare le Bengale de l'empire Birman, il fit encore de nombreuses victimes dans l'armée anglaise, campée sur les bords du Sind, et la décima.

Depuis cette époque, le choléra éclata dans toutes les contrées de l'Indoustan. Il se montra en 1818 à Malacca ; en 1820, à l'Ile-Bourbon et à l'Ile-de-France ; en Chine, à Canton ; en 1841, à la pointe de l'Arabie, à Maskate ; et de là se répandit en Syrie, en Perse et en Turquie. On a remarqué qu'il avait suivi le cours des grands fleuves, des caravanes et des vents, et qu'il avait franchi les mers ; passant d'Orient en Occident, il apparut aux pieds du Caucase. Cette première irruption en Europe fut un cruel avertissement pour l'avenir. La maladie rétrograda et revint à son premier séjour, aux lieux qui l'avaient formée.

Epidémie de 1830 à 1832.

Le fléau indien, franchissant de nouveau les mers (les vents ou les navires l'ont-ils transporté?) traversa la Russie, l'Allemagne et l'Angleterre, fondit sur notre belle France, ravagea Paris et se répandit dans les départements.

Le 30 août l'épidémie se déclara à Berlin et y fit 1,407 victimes; elle était le 14 septembre à Vienne, où elle frappait 2,000 personnes. De ces deux foyers, elle s'étendit en Hongrie et en Transylvanie, où son influence fut meurtrière et désastreuse. En hiver l'épidémie s'arrête; mais, se réveillant, elle se propage en Ecosse et à Londres. Le 8 février déjà on comptait 1,445 décès.

Le 15 mars le fléau se déclara à Calais et fit invasion dans la capitale. La durée de l'épidémie fut de six mois, du 26 mars au 30 septembre.

En 1832, la population de Paris était de 785,698; sur ce nombre le choléra enleva 18,402 victimes. La mortalité fut égale entre les deux sexes. Le plus grand nombre des victimes fut fourni par les adultes de trente à soixante ans. La mortalité ordinaire ne fut pas diminuée, tant que dura l'épidémie. Ce fut dans les quartiers les mieux construits et les mieux aérés, dans ceux où la fortune, l'aisance et le luxe sont remarquables, que la mortalité fut moindre : *Miseria, Egestas sunt mali seges.*

Dès le 28 mars, l'épidémie s'étendit aux villages voisins : Saint-Denis, Charonne, la Chapelle, Puteaux, Vaugirard, Vanves, Arcueil, Passy et Grenelle.

Du département de la Seine elle passa brusquement en Belgique, et de là elle revint se répandre dans 52 départements de France. Dans plusieurs elle ne fit qu'apparaître ; les autres furent cruellement ravagés. Des tableaux statistiques très-exacts sur l'ordre d'invasion, sur les diverses époques et sur la mortalité comparée dans 48 départements se trouvent dans l'ouvrage de M. Tardieu.

En 1832, Lyon ne connut le choléra que par quatre malades infectés venant de Paris. Un de ces malades mourut rue Bât-d'Argent.

L'alarme fut bien plus vive parmi les médecins lorsqu'on apprit qu'à Serrières, au Péage, département de l'Ardèche, six cas de choléra s'étaient déclarés. M. Monfalcon fut envoyé pour visiter les cholériques. Il fit un rapport au préfet du département du Rhône.

Epidémie de 1832 à 1845.

Le choléra faisait encore des victimes en France et en Europe, lorsque, traversant les mers, il se développa à New-York, dans le Canada, à Philadelphie. L'épidémie y sévit profondément. En 1833 et en 1834, elle s'étendit en Espagne et en Afrique. Au mois de décembre de cette dernière année, elle fit invasion à Marseille et à Cette, où elle avait déjà fait irruption en octobre 1832 et marqué son passage par de nombreuses victimes.

Après y avoir séjourné tout l'hiver, elle se déclara à la fin d'avril à Saint-Chamans et à Grasse, et ne disparut entièrement que vers les derniers jours de septembre. De ces villes, le choléra se propagea dans l'Hérault : à Bouzique (village séparé de Cette par un vaste étang), à Sérignan. Agde, ville maritime, fut aussi envahie. Le 20 juin 1835, il pénétra dans le Var. Le premier cas fut constaté à Toulon, et le fléau y sévit avec violence. De là, il s'étendit avec rapidité dans tout le département et dans les Bouches-du-Rhône; revenant ainsi à Marseille le 5 juillet à la même époque, il se répandit d'Agde dans un grand nombre de communes de l'arrondissement de Béziers et de Cette, et dans l'arrondissement de Montpellier. Aix et Arles eurent aussi beaucoup à souffrir.

Le département du Gard, de Vaucluse, de la Drôme et de l'Aude ne furent pas préservés, et des cas furent constatés à Beaucaire, à Avignon et à Gruisans, petite presqu'île baignée par la Méditerranée.

Il en résulte que le choléra épidémique a régné dans le midi de la France depuis le 11 octobre 1834 jusqu'à la fin d'octobre 1835, pendant dix mois sans interruption. La plus grande mortalité a eu lieu dans les Bouches-du-Rhône.

Le Var et l'Hérault ont aussi beaucoup souffert. Le Gard a

perdu 944 personnes ; le département de Vaucluse , 443 , et l'Aude , seulement 229.

Le choléra, qu'on avait cru borné en France , se propagea tout-à-coup jusqu'au centre de l'Italie. Livourne, Turin , Gênes , Florence , Venise, Naples , Rome et Palerme furent atteints par ce cruel fléau. En 1836 et 1837, Turin et Livourne furent ravagés. A Naples, il y eut 21,066 morts : à Palerme, en 1837 , 25,000. En même temps , le nord de l'Afrique et de l'Algérie fut décimé par le fléau.

Après ces excursions meurtrières, il revint encore dans le delta formé par le Sind et le Gange *.

Épidémie de 1845 à 1848.

Le fléau devait encore faire de nouvelles invasions, suivant les mêmes traces ; d'abord dans l'Indoustan et le royaume de Lahore ; ensuite, en 1845, en Tartarie, puis en Perse, à

* On a consulté , pour rédiger la marche du choléra asiatique , l'ouvrage de Moreau de Jonnès, et un ouvrage du docteur Rivoire, intitulé : *Tableau statistique du Choléra-Morbus dans le département du Var* ; le Rapport sur la marche et les effets du choléra-morbus dans Paris, etc.; le Rapport sur le choléra qui a régné dans le midi de la France en 1835, par les professeurs Dubreuil et Rech ; la *Gazette Médicale de Paris ;* l'ouvrage de Tardieu , et plusieurs monographies. De plus, pour rédiger la marche du choléra en Algérie, 18 numéros de l'*Akhbar,* journal d'Alger.

Téhéran, à Bagdad, et à la Mecque, où il enleva 15,000 personnes, et enfin en Egypte. De là il revint envahir les provinces du Caucase. L'empire russe ne fut pas épargné, et, après avoir ravagé cet empire, il fondit sur Constantinople, puis sur Anapa, aux confins de la Circassie; il passa ensuite en Crimée, en Podolie, en Volhinie et à Tchernigov. Le 9 novembre 1847, il se manifesta à Mohiler et, au-dessus de cette ville, à Vistebsk, ensuite à Moscou et à Saint-Pétersbourg, où il fut arrêté par la rigueur de l'hiver.

En avril 1848, il s'étendit de la Syrie en Egypte, au Caire, à Alexandrie; en Egypte il fit plus de 25,000 victimes.

L'épidémie, pendant quelque temps stationnaire à Smyrne et sur les bords des Dardanelles, envahit, après avoir diminué ses ravages à Trébisonde, la côte méridionale de la Turquie d'Europe. A Salonite, elle fit des ravages effrayants. De là elle se propagea au nord de la Grèce.

A la fin de juin 1848, elle éclate à Saint-Pétersbourg, et se réveille avec intensité à Kazan, à Nidji, à Novogorod, à Moscou, à Tver, à Smolensk, et dans diverses autres directions. Elle gagne la Finlande et le littoral de la Baltique, la Sibérie et le Caucase. Elle apparaît à Riga et à Mitau, et atteint la Prusse, fait quelques victimes à Tilsitt, à Berlin, en Poméranie et en Autriche. Elle fait aussi invasion à Varsovie.

Elle est signalée ensuite à Amsterdam, à Rotterdam, où elle fait beaucoup de ravages. Elle s'étend de là à Anvers.

Le 5 octobre 1848, elle éclate de nouveau en Angleterre, à Londres, à Edimbourg. En Ecosse, ses ravages se font plus violemment sentir. Elle était dès lors en vue de la France. Quelques semaines après son apparition à Londres, elle était signalée dans les départements du Nord et du Pas-de-Calais. M. Magendie fut envoyé pour reconnaître l'épidémie envahissante.

Épidémie de 1849 et 1850.

Le 7 mars 1849, le fléau est venu de nouveau visiter Paris. Il y a régné jusqu'en octobre de la même année ; 18,991 personnes ont été victimes. Le nombre des décès par le choléra a dépassé en 1849, à Paris, le chiffre des décès de 1832 ; mais comme la population s'est accrue dans une proportion beaucoup plus considérable, il en résulte que l'intensité de la seconde épidémie a été un peu moins forte que celle de la première.

Dans le département de la Côte-d'Or, l'épidémie fit sa première victime * le 18 juin 1849 à Meursault, bourg situé à huit kilomètres de Beaune. Dès lors elle s'est propagée rapidement. Dans les 24 premiers jours, elle a fait 30 victimes sur une population de 2,260 habitants. Pendant quatre mois, elle a enlevé 102 individus. La plupart des cas ont été foudroyants.

---

* Il importerait de s'assurer si cette personne venait du foyer épidémique de Paris.

Le bourg était cependant dans les meilleures conditions de salubrité.

De ce bourg très-rapproché, le fléau indien a pénétré dans Beaune le 17 juillet 1849. L'épidémie a duré un peu plus de quatre mois, pendant lesquels elle a enlevé 127 individus tant en ville qu'à l'Hôtel-Dieu. On a compté trois attaques de choléra pour deux décès.

Au mois d'août, le choléra a fait irruption dans le département de la Vendée : Fontenay a été entièrement envahi, ainsi que l'arrondissement des Sables et celui de Napoléon. Les cantons de La Mothe-Achard, de Talmout, de Mareuil, de Rocheservière et des Herbiers ont été aussi ravagés. Il y a eu dans ce département 836 cholériques ; 261 ont succombé.

Pendant cette même année 1849, le choléra a sévi à Marseille et à Toulon, et y a fait beaucoup de victimes. Vers la fin de l'été et dans les premiers jours de septembre, il faisait des ravages â Alger. Il a été signalé au mois d'août 1850 au Caire et à Alexandrie.

Au mois de décembre, sept personnes ont été affectées du choléra à Trévoux (département de l'Ain); trois femmes ont succombé, quatre hommes ont été guéris.

Marche du Choléra en Algérie *.

L'épidémie a commencé vers la fin de l'été, dans les premiers jours de septembre, après les premières pluies. C'est dans le faubourg Bab-el-Oued, à l'hôpital du Dey, dans la cité Bugeaud, qu'elle s'est déclarée. C'est dans cet hôpital même qu'elle s'est développée et s'y est propagée sous l'influence miasmatique du cimetière, situé dans le faubourg Bab-el-Oued. Le 15 septembre, à la suite de l'invasion du choléra dans la province de Constantine et particulièrement dans le sud de cette province, Bone, Philippeville et surtout Biskuara ont été atteints; plusieurs officiers et un prêtre ont succombé dans cette ville. De là il s'est propagé dans les villes de la côte.

Par suite des ravages causés par la maladie de l'autre côté de la frontière tunisienne, le commandant de la subdivision a eu l'excellente précaution d'ordonner la fermeture momentanée du marché de Souk-el-Arras, dans le kaïdat des Hannenchas.

Le choléra indien a sévi dans les tribus kabyles des environs de Bougie, après s'être avancé jusqu'aux portes de la ville. On a évalué à 4,000 le nombre des victimes. Sur un douar composé de cinquante individus, deux seuls sont restés vivants.

* Voir l'*Akhbar*, journal d'Alger.

L'intensité du fléau a été effrayante et horrible, à tel point qu'une terreur panique a saisi les tribus envahies. Il a fallu que l'autorité française employât des mesures énergiques pour faire remplir aux indigènes leurs devoirs de famille; ils abandonnaient les malades et laissaient les morts sans sépulture. Cependant la crainte de la peste les a aussi contraints à leur rendre les derniers devoirs.

Le choléra s'est déclaré avec violence à Aumale dans la journée du 22 septembre. Depuis cette époque, on a compté 74 cas et 35 décès. Dans les dernières nouvelles, on a annoncé une grande amélioration.

Il a été signalé à Orléansville, Milianah, Teniet-el-Had. En général, c'est dans les hôpitaux que le fléau a choisi ses victimes, qui ont été peu nombreuses jusqu'à présent.

Dans la province de Constantine, on a compté dans quelques places des cas isolés et en petit nombre.

La concentration des tribus nomades affluant dans le marché de l'Oued-Tmeniah a amené une recrudescence de l'épidémie parmi les indigènes. Des précautions ont été prises pour les isoler, et la communication de Constantine à Setif s'est faite par Milah, pour éviter le pays infecté.

Le choléra a fait irruption à Tenez, depuis le 2 jusqu'au 4 octobre 1850. On a compté 14 cas et 9 décès.

La commission sanitaire de Tenez avait décidé, avant le 6 octobre 1850, que, jusqu'à nouvel avis, les provenances d'Alger, ayant patentes brutes, ne seraient pas admises à Tenez en libre pratique; que les dépêches seraient seules reçues ; que, quant aux passagers , ils scraient conduits jusqu'à Oran, et qu'à leur retour ils ne seraient admis à débarquer qu'autant qu'ils auraient une patente nette. Le choléra a pénétré dans cette ville, malgré cette précaution.

D'après l'ordonnance du président de la République , datée du 24 juillet 1850, la Société sanitaire de Cherchell a décidé que les provenances d'Alger seraient soumises à la quarantaine et que les passagers ne pourraient y être débarqués , car il n'y a pas de lazaret. Cherchell a été préservé.

Le choléra règne actuellement (10 octobre 1850) dans le Sind et autres districts de l'Inde.

Mortalité en Algérie.

Voici, d'après l'*Akhbar*, journal publié à Alger, le chiffre des cholériques en Algérie, depuis l'invasion de l'épidémie jusqu'au 10 octobre 1850 :

ALGER.

Hôpital militaire du Dey	72 cas.	42 morts.
Au Lazaret	75	45
En ville	102	74
Totaux	249	161

PROVINCES.

Dans les tribus des Kabyles	»	4,000
A Aumale	74	35
A Ténès	14	9
Totaux	337	4,205

Le choléra régnant en Algérie et surtout à Alger, Marseille est de nouveau menacé, soit à cause des navires qui du pays infecté arrivent et affluent dans le port de cette grande cité, soit par le déplacement des troupes d'Alger qui débarquent dans la ville de France la plus commerçante.

DEUXIÈME PARTIE.

—

Du choléra - morbus asiatique à Lyon en septembre 1849.

A différentes époques, depuis la première invasion du choléra-morbus à Paris, on avait appréhendé sa terrible influence, et jusqu'au 4 septembre 1849 on avait espéré que notre vaste cité, assainie sans cesse par l'extrême variabilité des vents du Nord et du Sud et par les courants d'air très-rapides du Rhône, serait réfractaire à l'implantation du fléau indien ; mais la redoutable épidémie , concurremment avec la suette miliaire sporadique , et même précédée par elle , est venue s'établir à l'hôpital militaire et dans nos murs.

La suette miliaire sporadique a fait encore une apparition , lorsque le fléau meurtrier avait cessé ses ravages *.

Causes du choléra épidémique.

La plus grande incertitude a empêché même de discourir sur cette question. Le *Quid divinum* a été répété pour sauvegarder l'amour-propre médical. Les géologues, MM. Boubée et Fourcaut, avaient écrit que les terrains anciens devaient être épargnés par le choléra. D'après les appréciations de ces savants, Lyon , bâti en partie sur des terrains tertiaires et d'alluvion, devait être un foyer funeste. D'autres savants, au contraire, prétendaient que Lyon , bâti sur les deux

---

* Dans le courant d'août et de septembre 1849, huit malades furent reçus à l'Hôtel-Dieu de Lyon , salles Sainte-Anne et Saint-Jean , affectés de suette miliaire sporadique ; ils furent gravement malades, mais ils guérirent tous.

Un nouveau cas de la même maladie a été observé par M. le docteur Devay et moi, dans le même hôpital, aux quatre rangs, troisième salle des femmes fiévreuses , le 6 août 1850, sur une femme âgée de 36 ans, venant de Sermérieux, département de l'Isère ; elle fut guérie.

· Voir le Mémoire du docteur Devay, dans la *Gazette médicale de Lyon,* n° 21. Ce Mémoire est écrit avec esprit et sagacité.

rives de la Saône, et en d'autres parties sur des rochers et roches granitiques, et à cause de la silice que l'on trouve presque partout sur le sol lyonnais, devait, par cela même, être préservé ; mais il faut mettre de côté toutes ces hypothèses. Ni les influences telluriques, ni les observations de la commission hygrométrique de Lyon, ni la prétendue augmentation de la densité de l'air, ni les observations thermométriques et barométriques, ni l'étude de l'air faite par de savants chimistes, ni la température de l'air, ni la diminution de l'électricité des machines électriques lorsque l'épidémie était régnante, ni les tempêtes suscitées par les vents, n'ont pu fournir une appréciation juste et concluante sur les causes du choléra, et encore moins sur son principe délétère.

Si des botanistes très-instruits, depuis le célèbre Linné, n'ont pu connaître le mode de reproduction des cryptogames, comment les médecins, à la recherche d'un principe aussi mystérieux, pourraient-ils le découvrir ? Si les auteurs les plus célèbres ont gardé le silence sur les semences morbifiques du typhus épidémique, de la variole épidémique, de la fièvre jaune et de la peste, c'est qu'il n'est pas donné à l'homme de pénétrer l'origine et de connaître le principe des grandes épidémies contagieuses ; toutefois, je consigne que les premiers militaires frappés à Lyon par le choléra indien venaient de Civitta-Vecchia et avaient séjourné à Marseille au moment où cette grande cité était infectée encore du fléau. C'est probablement par cette voie que les semences morbifiques ont été importées à l'Hôpital-Militaire de Lyon.

Contagion.

L'origine mystérieuse du fléau, son activité souvent effrayante et sa propagation si active, ont fait naître l'idée de la nature pestilentielle du choléra asiatique. Les médecins étrangers ont admis tout d'abord généralement cette idée ; mais en France, en 1832, la contagion fut ou mise en doute ou niée très-affirmativement. On discuta longuement sur le mot *contagion*, dont la définition est très-précise dans l'Encyclopédie et dans les ouvrages des anciens auteurs. On changea à cette époque l'acception du mot pour le remplacer par celui d'*infection*, et on dit : La maladie n'est qu'infectieuse, c'est-à-dire un mal qui donne l'infection ou qui la produit. Les médecins qui ont vu et traité pendant de grandes épidémies les cholériques sont tous de la même opinion. Je ne puis que me ranger à leur avis, et je renvoie les lecteurs à l'excellente Monographie de MM. Polinière, Trolliet et Bottex, au Mémoire de M. Verdé de Lisle, contenant sur la question des observations aussi nombreuses que positives, et au rapport de M. Merlan, lu au Conseil d'hygiène publique et de salubrité du département de la Vendée. On en trouve d'ailleurs d'autres analogues dans un grand nombre de Monographies sur le choléra asiatique.

Le choléra indien exerce ses ravages par l'influence d'un miasme répandu dans l'air, mais insaisissable jusqu'à présent.

Toutefois, on est frappé d'un fait presque constant, c'est que ce principe se transmet d'une contrée à l'autre en raison directe et de l'étendue et de la fréquence des rapports qui existent entre ces points.

Les distances, les états variés de la topographie des contrées ne sont pas un obstacle ; il suit particulièrement les routes fréquentées par le commerce ; il épargne souvent des contrées peu éloignées ou voisines d'une grande localité infectée, placée sous les mêmes conditions géographiques et sous le même ciel, pour faire irruption sur une contrée éloignée.

Les foyers épidémiques sont d'abord circonscrits ; mais ils peuvent se développer et s'étendre de proche en proche.

L'air n'est pas le seul moyen de transmission. Le débarquement d'un équipage composé d'un certain nombre de cholériques ou l'agglomération d'un certain nombre de troupes peuvent propager le fléau. Les stations des navires où sont déposées diverses provenances d'un pays ravagé par la maladie le favorisent et l'acclimatent pour quelque temps.

Le mode infectieux n'a pas été expliqué par les auteurs ; ils l'ont fait pressentir et indiqué * ; Bichat a écrit que, lorsqu'il passait plusieurs heures dans un amphithéâtre de dissection, les vents ou flatuosités qu'il rendait avaient une très-grande puanteur cadavérique ; que, lorsqu'il y séjournait pendant le même laps de temps et qu'il adaptait à la croisée un tube de

---

* M. le docteur Monfalcon l'a expliqué dans l'*Annuaire de Lyon*.

verre au moyen duquel il respirait l'air extérieur, les vents qu'il rendait n'avaient pas cette odeur nauséabonde de putréfaction cadavérique.

Les militaires ou les chasseurs, lorsqu'ils font de nombreuses décharges d'armes à feu, par un temps très-humide et nébuleux, rendent des vents à odeur de fumée de poudre. L'absorption des miasmes putrides se fait très-rapidement par la surface muqueuse pulmonaire; ainsi la respiration de certains gaz change très-promptement l'état du sang. Le gaz hydrogène sulfuré occasionne quelquefois aux vidangeurs une mort prompte. La respiration des émanations du plomb en fusion dans une chaudière placée dans un appartement clos et bien fermé produit la colique saturnine. On connaît les effets du chloroforme et de l'éthérisation.

Un très-beau jeune homme, d'un tempérament sanguin, était au cours de M. Thénard lorsque ce professeur décrivait les effets du gaz oxydule, ou protoxyde d'azote, ou gaz hilarant. Une grande vessie armée d'un tube fut présentée à ce jeune homme qui s'offrit pour que l'on fît sur lui l'expérience; mais à peine avait-il respiré le tiers du gaz que sa figure, auparavant colorée d'un vif incarnat, devint livide, verdâtre et violacée. Alors M. Thénard arracha précipitamment l'appareil des mains du jeune homme, qui ne reprit la vivacité de ses couleurs qu'un quart d'heure après cette expérience. C'est évidemment par cette voie de la respiration que les semences morbifiques du fléau indien pénètrent dans notre économie. Le principe délétère circule avec le sang, et le principe vital réagit sans cesse pour l'expulser; la nature et l'art triomphent enfin; isolez les cholériques, il n'y aura pas d'infection. Les médecins, dans les épidémies cholériques, ont montré un noble courage; s'ils ne craignent pas l'infection, pourquoi d'autres la craindraient-ils? leur vie est assez précieuse. La charité chrétienne, dans les grandes calamités, doit être ardente, le dévouement doit aller jusqu'à l'abnégation * ; touchez, frictionnez les cholériques, ils ne vous infecteront pas.

Plusieurs auteurs, considérant que la faux de la mort avait largement frappé de tous côtés, à Paris et ailleurs, ont pensé que l'idée de la non-contagion ayant fait négliger toutes prudentes précautions pour les soins à donner aux cholériques, avait multiplié les victimes; mais l'opinion de ces auteurs est contradictoire avec leurs écrits; et d'ailleurs le délaissement absolu d'un très-grand nombre de cholériques moribonds, implorant vainement pitié et secours, n'aurait-il pas augmenté le chiffre des décès et redoublé les ravages du fléau épidémique déjà si meurtrier?

* Tel fut le courage et le dévouement angélique de Mgr de Quélen en 1832. Sa générosité sans bornes fut également au-dessus de tout éloge.

Symptômes du choléra épidémique.

PÉRIODE ALGIDE.

Il résulte de l'infection d'abord une série de symptômes qui dominent tous les autres, quoique tous soient d'une grande gravité. A cette période, la mort procède d'une manière effrayante.

Ces symptômes, indiquant un diagnostic certain, sont l'algidité, la difficulté de la respiration, la lenteur et la faiblesse de la circulation, la cyanose, les déjections riziformes, les vomissements, la suppression des urines, les crampes et le faciès cholérique. Examinons tous ces symptômes.

La figure est cadavérisée, la peau est d'une teinte cadavérique, et perd non-seulement sa caloricité mais sa sensibilité, et en partie son élasticité; tellement qu'en la comprimant entre les doigts, elle conserve pendant quelques secondes le pli qu'on lui a imprimé; elle est recouverte d'une sueur visqueuse, froide et fétide; il y a refroidissement général des membres. La cyanose décèle l'intoxication miasmatique; elle dépend de la lenteur et de la stagnation du sang dans les vaisseaux capillaires, surtout des extrémités. La peau de la figure, des pieds et des mains, est d'un rouge vineux ou de couleur bleuâtre. Cette coloration se répand quelquefois sur tout le corps, et les paupières conservent parfois la coloration bleue; la circulation est très-languissante. Le cœur est dans un état de débilité très-grande ; de là la lenteur, la faiblesse, la dépression, l'irrégularité et l'état filiforme du pouls.

La respiration est difficile et courte, ce qui oblige le malade à avoir la bouche entr'ouverte ou ouverte. L'air expiré de la bouche ou des narines est froid. A ces symptômes si graves, ajoutez la diarrhée riziforme avec déjections très-fréquentes et abondantes, séreuses, albumineuses et fétides, accompagnées de ténesme, et se faisant souvent à l'insu du malade. Les vomissements répétés de matières limpides ou verdâtres, quelquefois blanchâtres, d'une odeur acescente. A la suite de ces vomissements, on remarque que la langue est froide ou même cyanosée, enduite d'une couleur blanchâtre ou jaunâtre ; elle est sèche, la soif est inextinguible ; le malade désire avec grande convoitise les boissons froides.

La voix est éteinte, sourde, sépulcrale, profonde, caverneuse et très-faible ; elle est quelquefois rauque ou sifflante, rarement il y a aphonie.

Des coliques, une douleur épigastrique avec sentiment d'anxiété et de constriction, et une douleur profonde dans les entrailles tourmentent à l'excès le malade. Les urines diminuent de quantité ou sont supprimées.

Des crampes très-douloureuses dans les mollets et même dans les bras, et la contracture convulsive des muscles en différentes parties du corps, impriment sur la figure des traces de profondes douleurs. L'amaigrissement est rapide, la peau est comme collée sur les os. Pendant toutes ces scènes de douleur et d'angoisse, le malade conserve son intelligence tant que l'état thyphoïde produit par la congestion cérébrale ne s'est pas déclaré. Il est dans une agitation laborieuse et lourde qui a quelque chose d'effrayant ; il ne peut garder la même position ; il jette çà et là sa tête avec désespoir ; il se place particulièrement sur le côté gauche, soit pour soulager ses membres en les fléchissant, soit pour respirer plus facilement. Cette agitation a lieu chez presque tous les cholériques et devient incessante ; plus l'agitation est grande, plus le danger est imminent.

Le faciès cholérique est caractérisé par la cyanose, le nez effilé, les yeux enfoncés dans les orbites, entourés d'un cercle noirâtre ; le regard est morne, abattu et quelquefois égaré.

PÉRIODE DE RÉACTION.

Les forces vitales vont réagir contre le principe infectieux ; tous les organes de dépuration et d'excrétion vont reprendre leurs fonctions d'une manière active.

La chaleur générale revient en quelques heures, ou au deuxième ou au troisième jour. Ce retour de la chaleur est d'un heureux présage lorsqu'elle n'est pas immodérée, et lorsque le pouls se relève. Lorsque la langue reste froide, la réaction est encore languissante ; mais lorsqu'elle est dans un état de chaleur normale, la calorification du corps est complète, il n'y a plus alors de sentiment de défaillance.

La chaleur se développant, des sueurs chaudes, plus ou moins abondantes, se déclarent et durent deux ou trois jours. On les observe surtout sur les individus affaiblis par des maladies antérieures syphilitiques ou autres, ou par des fatigues excessives. Chez un grand nombre de cholériques, la chaleur se réduit à une moiteur de la peau.

Lorsque la réaction s'opère, la circulation est plus active et la respiration se fait mieux; l'expression cadavérique de la figure se change en une disposition plus naturelle; l'œil, qui était terne et sans expression, se ranime; la figure est moins livide, et bientôt se colore plus ou moins, suivant le tempérament et l'énergie vitale des malades.

Le timbre de la voix n'est plus voilé, la langue est réchauffée et devient rouge sur les bords; il y a réaction fébrile. Un sommeil réparateur s'empare du malade, et au réveil il a la conscience de l'heureux changement qui s'est opéré.

Pendant cette période, l'anxiété précordiale, l'épigastralgie angoissante tourmentent les malades; il y a une agitation extrême dans tout le système nerveux; les mouvements d'agitation sont quelquefois d'une grande violence. Les malades se découvrent ou repoussent leurs couvertures hors du lit. Après ces mouvements, le coma ainsi que l'état typhoïde succèdent à l'agitation ou alternent avec elle.

Enfin les vomissements cessent, les selles fétides riziformes et infectieuses changent de couleur, diminuent d'abondance ou s'arrêtent. La sécrétion urinaire a lieu, les coliques cessent, la soif diminue, la respiration est plus ample et plus libre, le pouls devient régulier et les fonctions se font d'une manière naturelle.

Le délire a été rarement observé chez les militaires cholériques.

Les crises à la peau sont des vésicules miliaires ou des papules ortiées.

TROISIÈME PÉRIODE.

L'état typhoïde est prédominant ; on remarque une débilité profonde ainsi que de la somnolence, avec une respiration difficile ou la suffocation.

Des médecins, qui n'avaient pas vu d'épidémie de choléra asiatique, soutinrent que le choléra de l'Hôpital–Militaire n'était que le typhus ; cependant Sydenham avait écrit : *Malum ex se agnoscitur* *.

La vérité fut enfin évidente pour tous.

Si ces médecins avaient été dans l'erreur, l'analyse des

---

* SYDENHAMI MORBI SPORADICI DESCRIPTIO.

Adsunt enim vomitus enormes, ac pravorum humorum cum maximâ difficultate, et angusta per alvum dejectio, ventris et intestinorum dolor vehemens, inflatio et distentio, cardialgia, sitis, pulsus celer cum æstu et anxietate, nausea, animi deliquium, etc. Bilis suprà infràque magno impetu prorumpit ; primùm liquida, et subflava, dein crassior, majoremque colorem exibens, flavum scilicet, prasinum, cœruleum ac etiam nigrum.

symptômes caractéristiques les eût conduits à la vérité ; mais il est évident qu'ils n'ont formulé ainsi leur opinion que par une sage prudence, et afin de rassurer la population lyonnaise et empêcher l'émigration des négociants et des gens riches et timides.

Pronostic.

Le choléra asiatique est un des fléaux les plus funestes à l'humanité. A la fin de l'épidémie, le principe pernicieux semblait épuisé ; le choléra était moins dangereux ; les malades guérissaient plus promptement et plus facilement.

Il est imprudent et peu sûr, a écrit Hippocrate, de porter un jugement ou pronostic dans les maladies aiguës. Au lit du malade, pendant l'épidémie du choléra, l'avis du médecin peut manquer de vérité ; il serait imprudent de l'exprimer sur une terminaison probable. J'exposerai cependant ce qui est vrai.

Si l'algidité est trop intense, le malade vit seulement quelques heures ; de là la dénomination de choléra *foudroyant*.

Si la guérison doit avoir lieu, les vomissements cessent ainsi que les selles fétides, et la chaleur vitale se maintient.

Si la réaction est trop violente, elle amène des accidents mortels, tels que la congestion cérébrale ou pulmonaire avec engouement.

La violence des crampes, les évacuations énormes et l'amaigrissement rapide sont d'un très-mauvais présage.

Le défaut de réaction est mortel; l'état typhoïde succédant directement à la période algide est mortel.

La suppression subite des selles, malgré l'amélioration des symptômes, annonce une mort prochaine.

Les évacuations sanguinolentes, pendant la période de réaction, indiquent une complication et sont très-dangereuses.

Si la dyssenterie sanguine est abondante, la mort arrive inévitablement et très-vite. L'apparition lente et tardive de la période de froid et de la cyanose n'améliore pas toujours le pronostic.

Lorsque la bile se mélange avec les matières des vomissements au début, il faut peu s'arrêter à ce signe; mais au déclin de la période algide, ce signe est favorable.

La suppression des urines correspondant à des déjections très-abondantes est un signe d'une très-grande gravité.

Le faciès cholérique bien caractérisé et la langue froide en même temps font porter un pronostic funeste; le signe favorable surtout, c'est la calorification prompte; si l'algidité reparaît après la calorification, le danger est imminent. Le retour de la sécrétion urinaire annonce une grande amélioration.

La durée de cette cruelle maladie est parfois de quelques heures (quelques militaires ont été frappés de choléra foudroyant); mais ordinairement elle se termine le deuxième, troisième, quatrième ou cinquième jour; très-rarement les malades ont dépassé le dixième jour.

Traitement employé à l'Hôpital-Militaire.

Il faut isoler les malades, leur faire respirer largement un air pur, faire jour et nuit de fréquentes ventilations, afin d'empêcher l'infection et afin de disséminer et neutraliser les miasmes morbifiques.

La plus grande propreté doit présider aux soins à donner aux cholériques. Les vases de nuit, les siéges percés doivent être lavés trois fois par jour. Que la brosse et la cire ne soient pas épargnées pour donner même le vernis de la propreté.

Il faut installer des boîtes de pharmacie portatives dans chaque salle, quadrupler les infirmiers ; il faut que chaque infirmier soit employé à une fonction spéciale.

Il faut donner l'ipécacuanha, à la dose d'un gramme jusqu'à quatre grammes, de demi-heure en demi-heure.

Si l'ipécacuanha n'a pas produit un effet suffisant, on administrera, en potion et en lavement, le nitrate d'argent, à très-faible et minime dose.

La période algide avec cyanose caractérisant la maladie, il faut sans retard rappeler à la peau la caloricité par le bain d'air chaud, administré au moyen d'un calorifère fait avec un tuyau de poêle, dont l'extrémité qui entre dans le lit est recourbée. A la base de ce tuyau est adaptée une lampe à esprit-de-vin.

On réchauffe ainsi les cholériques qui n'ont pas des crampes excessives ; mais à ceux qui ont ces crampes excessives, les accidents spasmodiques deviendraient plus dangereux par la calorification.

Il faut administrer ce bain d'air chaud aux malades frappés d'adynamie, car ils supportent très-bien la chaleur.

Il convient d'administrer à ceux-ci l'acétate d'ammoniaque, de quinze à trente grammes par jour, à des doses très-rapprochées , avec addition d'éther et de laudanum de Sydenham.

S'il y a des crampes, on active et on réitère, et on recommence souvent les frictions avec le baume de Fioraventi.

Dès que le pouls et la chaleur se développent, on suspend l'administration des stimulants internes et externes, et même la calorification artificielle.

Il faut se tenir en garde contre les réactions caduques et fugitives.

Il faut soutenir ces réactions par le vin de canelle, le thé ou le café, avec addition d'alcoolat de mélisse, et par le bain d'air chaud prolongé aux jambes et aux pieds.

Il faut surtout combattre la diarrhée par le nitrate d'argent à dose très-minime , combiné avec le laudanum dans un lavement émollient.

Les vomissements doivent être modérés par la limonade gazeuse, la glace pilée et sucrée.

On doit les faire cesser par des sinapismes placés à l'épigastre, et même par des vésicatoires saupoudrés d'une très-minime dose de morphine.

Il faut provoquer les sueurs ; elles présagent, ainsi que le retour de la chaleur, une terminaison favorable et heureuse. Les éruptions ortiées ou érythémateuses, et la sécrétion naturelle de l'urine sont d'un bon augure.

Dans la période de réaction accompagnée de torpeur, on placera des linges imbibés d'eau froide sur la tête ; on renouvellera les sinapismes aux jambes et aux pieds ; on placera, dans le cas de congestions cérébrales évidentes, des sangsues sur les apophyses mastoïdes. On fera même, s'il est urgent, une saignée d'une palette ou d'une demi-palette. Il faut toujours redouter en faisant ces saignées qu'une prostration rapide des forces ne mette la vie du malade en danger.

Il faut, aussitôt que possible, soutenir les forces de ceux qui sont près de la terminaison heureuse de la maladie, donner des bouillons, de légers potages. On fait prendre un peu de vin mélangé avec de l'eau gazeuse, de Seltz ou de Saint-Galmier, ou l'infusé de kina. Il faut préparer une salle pour les convalescents, et ils doivent être surveillés, afin d'éviter de très-dangereuses rechutes.

Tel a été le traitement employé à l'Hôpital-Militaire ; il m'a été communiqué par M. Angelot, médecin en chef, bien digne de ce poste éminent par son rare mérite et sa grande instruction.

Afin d'empêcher la propagation des miasmes morbifiques, on a désinfecté les vases de nuit, les chaises percées et les lieux d'aisance, avec la poudre suivante, dont voici la formule :

Sulfate de fer. . . . . 200 grammes.
Sulfate de zinc. 25
Charbon végétal. 10
Charbon de terre. 15

Observation communiquée.

Un militaire, frappé du choléra asiatique bien caractérisé, a été traité au début par un gramme d'ipécacuanha dans cent vingt grammes d'eau tiède, sinapismes sur les parties internes des cuisses, des mollets et des membres supérieurs. Des cruches d'eau chaude ont été placées de chaque côté du tronc, entre les jambes et les pieds ; on a introduit à demeure un calorifère à l'esprit-de-vin dans le lit ; on a fait boire des infusions de thé vert et de menthe mélangée. Le malade a pris deux potions préparées avec

Ether sulfurique. ⎰
Ammoniaque. . . ⎱ AA gouttes xjj.

A l'aide de ces moyens, le pouls s'est relevé à son état normal ; la transpiration est devenue abondante ; la teinte cyanosée a disparu, la voix s'est rétablie et le malade a été guéri. Il a bu trois litres d'infusion dans l'espace de quatre heures.

Notes sur le traitement du choléra.

Il faut désinfecter les cours, les allées et les rigoles, avec la liqueur de Labarraque ou le chlorure de calcium.

Quelques médecins ont considéré une attaque de choléra comme une fièvre pernicieuse et ont employé le quinquina.

Les gelées aromatiques sont utiles comme moyen préservatif ; la gelée très-suave de roses, le vin de kina, l'infusé à froid de kina (qui augmente les forces digestives et les forces musculaires, et s'oppose à la putrescence des matières intestinales), doivent être mis en usage.

M. le docteur Gensoul a préconisé un lavement astringent et désinfectant, préparé avec des plantes émollientes et une très-minime dose de sulfate de fer.

On combattra la cholérine par les astringents, le ratanhia, la gelée d'airelle et l'infusion concentrée de pepins de raisins, moyen très-astringent.

Les pastilles de Magendie sont très-utiles et ont été employées avec succès contre le choléra. A Toulon et à Marseille, on a prescrit avec succès les infusions excitantes de teucrium polium * qui croît dans les localités maritimes de la France

---

* Lamark, *Dictionnaire encyclopédique*, 2, p. 699 ; qui, en même temps, est le teucrium teuthrion, de Schreber unitabul., n° 47.

méridionale, au milieu du mois d'août. Il est très-abondant à Marseille, Montpellier et Toulon.

Les fleurs de l'ulmaire ou reine des prés, et les fleurs de la menthe Pouliot peuvent fournir d'excellentes infusions.

Afin de faire cesser les crampes, on appliquera un bandage serré sur les bras et les mollets. Ces bandes seront imbibées de laudanum de Sydenham et séchées avant leur application.

Caractère anatomique du choléra-morbus observé à l'Hôpital-Militaire de Lyon.

Habitude extérieure du corps glacée au moment de la mort, cyanose, faciès cholérique, rigidité cadavérique.

A l'ouverture de la cavité abdominale, on n'a pas trouvé de sérosité dans le péritoine. Cette membrane était légèrement injectée dans quelques parties. L'estomac contenait un liquide jaunâtre, blanchâtre ou verdâtre, fluide ou d'une consistance épaisse; la membrane muqueuse était rosée et injectée partiellement.

Les intestins grêles étaient complétement remplis par un liquide blanchâtre, crêmeux et riziforme, que je compare très-exactement, quant à l'apparence, au pus d'un abcès froid glanduleux.

La muqueuse intestinale était d'un rouge foncé ou pâle, ou rosée, quelquefois par plaques; les follicules muqueuses étaient développées; la membrane muqueuse a été vue quelquefois parsemée de granulation blanchâtre.

Lorsque le choléra avait été foudroyant, la muqueuse était décolorée dans toute son étendue.

Le volume du foie était augmenté. Cet organe était d'un rouge pâle ou violacé; sa couleur n'était pas celle de l'état normal; souvent elle était d'un brun noirâtre. La section du foie faite, chaque partie était d'un brun violacé.

La vésicule du fiel était distendue par la bile qui était d'un vert jaunâtre et d'une consistance poisseuse.

La rate était dure et contenait peu de fluides sanguins.

Le pancréas était sain.

Les reins contenaient un liquide analogue à celui des intestins; leur tissu était d'une couleur plus foncée que celle de l'état normal; ils étaient gorgés d'un sang noir.

La vessie était vide et contractée.

Cavité thorachique. Le cœur était sain, les cavités gauches étaient rétractées et vides. D'autres fois elles contenaient un sang noirâtre, de la consistance de la gelée de groseille. Le côté droit renfermait des caillots noirâtres et visqueux.

On a observé sur l'oreillette droite des taches rouges violettes comme ecchymosées.

Les plèvres étaient vides de sérosité. Les poumons offraient une couleur foncée et étaient engoués, surtout à la partie postérieure; ils étaient plus facilement déchirés par une médiocre traction que dans l'état normal.

L'encéphale était à peu près sain; les méninges cérébrales et rachidiennes étaient injectées; les sinus de la dure-mère étaient souvent gorgés de sang noirâtre, surtout chez les sujets morts par asphyxie lente.

La substance cérébrale grise avait souvent une couleur grise, plus foncée que dans l'état normal ; la moelle épinière offrait une densité et une ténacité remarquables.

Le cerveau incisé laissait écouler de sa substance du sang noir.

Des malades affectés du choléra asiatique, soit à l'Hôtel-Dieu, soit à Lyon.

CHOLÉRIQUES DE L'HÔTEL-DIEU.

Il y a eu six cas de choléra asiatique. Ces malades infectés apportaient le germe de la maladie soit de Marseille, soit de Toulon ; quatre ont succombé, deux ont été sauvés.

Autres cholériques frappés par l'épidémie régnante, cinq.

1º Un ébéniste, Sébastien Frey, décédé le 9 octobre 1849.

2º Euphrosine Titre, décédée le 20 octobre même année.

3º Une femme phthisique, décédée le 30 octobre même année.

4º A la salle des deuxièmes femmes : la femme Meunars, demeurant rue Lafayette, quartier Saint-Clair, âgée de 36 ans, ouvrière en soie, décédée le premier décembre 1849.

5º Un vidangeur de l'Hôtel-Dieu, occupé à son service,

est frappé de choléra foudroyant le 10 octobre, et décède le même jour, à midi.

Il y avait peu de malades, et aucune maladie n'a présenté des symptômes cholériformes.

CHOLÉRIQUES DE LA VILLE.

1° Le 14 avril 1849, le nommé Roche, conducteur aux messageries de Paris, arrivé infecté à l'hôtel des Conducteurs, rue Lafont, à quatre heures de l'après-midi, est frappé du choléra foudroyant, à une heure du matin, le 15 du même mois, et meurt. Il a été traité par M. le docteur Gervais et j'ai été appelé en consultation.

Autres cholériques frappés par l'épidémie régnante, neuf.

1° Pichat (Pierre), âgé de 15 mois, meurt le 24 novembre 1849.

2° La grand'mère maternelle de Pichat, qui se portait bien pendant la journée précédente, est frappée de choléra épidémique, et succombe le 29 novembre 1849. Sa maladie a duré cinq jours.

3° Ganon, jeune fille de 22 mois, est prise du choléra le 11 décembre, à 9 heures du soir, et succombe le lendemain matin, à huit heures.

Ces trois cholériques habitaient Perrache, près de l'ancienne fabrique de produits chimiques de M. Perret.

4° **Mme** veuve Roche , femme de Pierre Magnier , était affectée de diarrhée depuis quatre jours, lorsqu'elle fut prise de vomissements et du choléra, le 15 décembre 1849, à onze heures du soir.

Le docteur Fraisse, conseiller municipal , fut appelé le 17, à midi, pour constater ce cas ; elle succomba le 20 du même mois , à onze heures du matin.

5° Le mari de cette femme, frappé du choléra , le 17 décembre 1849, à 10 heures du matin , succomba à minuit.

Le docteur Bonarich a été appelé pour vérifier la maladie.

6° Le 27 novembre , le docteur Gauthier donna des soins à la veuve Rambaud , rue Sala , n° 40, au quatrième ; cette dame fut emportée par le choléra foudroyant , après vingt-quatre heures de souffrances.

Le certificat de décès ne constate pas le fait, mais il m'a été affirmé par M. Gauthier, qui ne l'a pas annoncé par prudence.

7° Ajoutons une femme frappée du choléra , traitée par le docteur Conche ; elle succomba.

8° La femme de l'agent de police Ledoux , demeurant rue Vaubecour, décéda pendant son transport à l'Hôtel-Dieu.

9° La femme Gerrat, demeurant rue Sainte-Hélène, n° 43, au deuxième, frappée du choléra à quatre heures du matin, succomba à cinq heures du soir.

Tableau des cholériques traités à l'Hôtel-Dieu et en ville.

	GUÉRIS.					MORTS.					TOTAL GÉNÉRAL.
	HOMMES.	FEMMES.	GARÇONS.	FILLES.	TOTAL.	HOMMES.	FEMMES.	GARÇONS.	FILLES.	TOTAL.	
Cholériques arrivant du dehors et reçus à l'Hôtel-Dieu	5	»	»	»	5	»	2	»	»	2	7
Cholériques atteints en ville et reçus à l'Hôtel-Dieu	»	»	»	»	»	2	3	»	»	5	5
Cholériques traités à domicile	»	»	»	»	»	1	6	1	1	9	9
Totaux	5	»	»	»	5	3	11	1	1	16	21

Extrait des registres de l'Etat civil.

POPULATION.		DÉCÈS.	
1846.	177,965	1846.	5,154
1847.	176,900	1847.	6,149
1848.	175,900	1848.	5,405
1849.	179,100	1849.	5,096

Des deux tableaux qui précèdent, on doit conclure que l'invasion de l'épidémie du choléra-morbus à Lyon n'a amené aucune aggravation dans la santé publique, puisque l'année 1849 présente une mortalité moindre sur une population plus importante que celle des trois années antérieures.

Nous devons faire une remarque : Le peu d'activité du fléau épidémique à Lyon tient à l'époque avancée de l'année et aux soins préservatifs contre le choléra employés à l'Hôpital-Militaire par M. Angelot, dont les journaux firent alors un bel éloge.

Le choléra est resté stationnaire depuis le 28 février 1849. L'épidémie cessa à cette époque complétement ; mais elle s'est déclarée de nouveau avec tous ses symptômes en juillet 1850. Trois militaires en furent affectés ; ils furent guéris, après quelques jours de traitement.

Le 7 août, je fus prévenu par M. Angelot qu'il y avait encore trois cas. Un chasseur venant de Villeurbanne, un soldat venant du fort La Mothe et un autre venant des forts de la Croix-Rousse : tous ces militaires, presque convalescents, avaient éprouvé tous les symptômes du fléau indien ; ils guérirent.

JOURNAL DE L'ÉPIDÉMIE.

(Communiqué par M. Angelot, médecin en chef.)

PREMIÈRE PÉRIODE. — Du 4 au 16 SEPTEMBRE.

MOIS.	DATES.	RESTANTS.	ENTRANTS.	SORTIS.	MORTS.	RESTANTS.
Septembre.	4	»	1	»	»	1
»	15	1	1	»	1	1
»	16	1	»	1	»	»
»						
		»	2	»	1	»

DEUXIÈME PÉRIODE. — Du 10 au 18 NOVEMBRE.

MOIS.	DATES.	RESTANTS.	ENTRANTS.	SORTIS.	MORTS.	RESTANTS.
Novembre.	10	»	1	»	»	1
»	15	1	1	»	»	2
»	16	2	1	»	1	2
»	18	2	»	1	1	1
		»	3	»	2	»

TROISIÈME PÉRIODE. — DU 28 NOVEMBRE AU 15 JANVIER.

MOIS.	DATES.	RESTANTS.	ENTRANTS.	SORTIS.	MORTS.	RESTANTS.
Novembre.	28	1	7	»	5	3
»	29	3	10	»	3	10
»	30	10	13	»	5	12
Décembre.	1	12	11	»	4	10
»	2	10	12	»	4	19
»	3	19	6	»	5	25
»	4	25	1	»	2	35
»	5	35	2	»	»	41
»	6	41	7	»	3	39
»	7	39	2	4	2	35
»	8	35	7	3	1	38
»	9	38	5	3	3	37
»	10	37	2	1	»	38
»	11	38	3	»	3	38
»	12	38	2	2	1	37
»	13	37	1	2	»	36
»	14	26	2	1	1	36
»	15	36	1	1	»	35
»	16	36	»	1	1	34
»	17	34	»	3	1	30
»	18	30	»	2	»	28
»	19	28	»	»	»	28
»	20	28	»	1	1	26
»	21	26	2	»	»	28
»	22	28	2	»	»	30
»	23	30	1	1	»	30
»	24	30	»	»	2	28
»	25	28	»	1	»	27
»	26	27	»	1	»	26
»	27	26	»	»	»	26
»	28	26	»	»	»	26
»	29	26	»	1	»	25
»	30	25	»	»	»	25
»	31	25	»	»	»	25
Du 1er au 15 janvier.		25	2	22	»	5
Du 15 janvier au 28 février.		5	4	9	»	»
		»	105	»	47	»

Il y a eu trois périodes dans l'épidémie du choléra-morbus, à l'Hôpital-Militaire de Lyon.

PREMIÈRE PÉRIODE.

	Cholériques.	Guéris.	Morts.
Du 4 au 15 septembre.	2	1	1

DEUXIÈME PÉRIODE.

	Cholériques.	Guéris.	Morts.
Du 10 au 28 novembre.	3	1	2

TROISIÈME PÉRIODE.

	Cholériques.	Guéris.	Morts.
Du 28 novembre au 28 février. . . .	105	58	47
Totaux des trois périodes.	110	60	50

72 étaient malades à l'Hôpital, ou sortis depuis peu de jours, ou infirmiers résidants.

27 venaient du dehors.

11 sont rentrés après être sortis.

110

On a confondu, dans les 110 cas de choléra du tableau ci-contre, 12 infirmiers qui ont servi les militaires cholériques. 6 ont succombé et les 6 autres ont été sauvés, grâce au traitement habile du docteur Angelot.

RÉSUMÉ DES DEUX TABLEAUX.

Cholériques de la ville et de l'Hôtel-Dieu. 21

Cholériques de l'Hôpital-Militaire. 110

Juillet et août 1850, militaires guéris et qui n'ont
pas été portés sur le tableau précédent. 6

Total. 137

137 cas, dont 68 guérisons et 69 morts.

FIN.

Chanoine, imprimeur à Lyon, 18, place de la Charité.